DISCOURS

Prononcé à Toulon le 29 novembre 1885

SUR LA TOMBE DE

M. DUPUY DE LÔME

PAR

M. LEGRAND

DIRECTEUR DES CONSTRUCTIONS NAVALES

TOULON
IMPRIMERIE A. ISNARD ET Cie
Boulevard de Strasbourg, 56

1885

Messieurs,

Les conditions exceptionnelles dans lesquelles ont eu lieu, au mois de février dernier, les funérailles de Dupuy de Lôme, dans l'église de la Madeleine, à Paris, n'ont pas fourni aux grands corps de l'Etat, aux compagnies savantes auxquelles il a appartenu, au corps du Génie maritime, l'occasion de faire entendre leur voix près de son cercueil.

L'Inspecteur général Marielle eut retracé avec toute l'autorité nécessaire la brillante carrière de l'illustre ingénieur, il eut adressé à notre camarade, au nom du Génie maritime, d'éloquents adieux.

Dupuy de Lôme a voulu reposer à Toulon, au lieu même de ses premiers triomphes. Je dois à cette circonstance le grand honneur de prendre en ce moment la parole devant vous.

Je n'ai pas besoin de vous dire, Messieurs, que je suis profondément pénétré du sentiment de mon insuffisance en présence de ce grand auditoire et de ce mort imposant.

Je n'essaierai pas d'esquisser, même à grands traits, toutes les phases de la carrière d'un homme qui a été mêlé à tant d'événements et qui a produit tant d'œuvres; je me bornerai à rappeler les services rendus au pays par l'ingénieur de la Marine.

Stanislas-Charles-Henri-Laurent DUPUY DE LÔME, élève de l'École polytechnique en 1835, entre à l'École du Génie maritime à la fin de l'année 1837.

L'École d'application n'était pas organisée à cette époque, comme la remarquable institution où nos jeunes camarades reçoivent aujourd'hui, à Paris, les leçons d'ingénieurs émérites.

L'École de 1837 était établie à Lorient dans des conditions défavorables.

L'enseignement presque exclusivement théorique n'était pas de nature à convenir à l'esprit simple et pratique de Dupuy de Lôme.

Le jeune élève ne tarde pas à se désintéresser des cours. Il préfère aux leçons trop abstraites les émouvantes promenades en canot, les longues excursions au pittoresque village de Plœmeur, son lieu de naissance.

Au classement de sortie, l'assiduité entre en ligne de compte : l'élève Dupuy de Lôme n'est pas classé le premier de sa promotion.

Il laisse néanmoins, à l'École, en souvenir de son passage, des théorèmes nouveaux sur l'orientation des

DISCOURS

Prononcé à Toulon le 29 novembre 1885

SUR LA TOMBE DE

M. DUPUY DE LÔME

PAR

M. LEGRAND

DIRECTEUR DES CONSTRUCTIONS NAVALES

TOULON

IMPRIMERIE A. ISNARD ET Cie

Boulevard de Strasbourg, 56

1885

voiles — théorèmes qui portent déjà l'empreinte de l'esprit lucide de leur auteur — et qui ont conservé, si je ne me trompe, une place dans l'enseignement.

Peu de temps après, Dupuy de Lôme arrive à Toulon : la beauté du climat, les splendeurs de la rade, entretiennent, pendant quelques mois encore, chez ce jeune homme de 23 ans, plein de sève et d'exubérance, le goût du mouvement et de la vie en plein air.

Mais bientôt, il rencontre dans les sociétés choisies où sa gaieté, sa verve, son esprit lui assurent un accueil empressé, la femme distinguée qui doit devenir la fidèle compagne de toute sa vie. — A partir de ce moment, il se livre sérieusement au travail : l'aiglon prend son vol il ne doit plus cesser de s'élever.

Chargé en 1842 d'aller étudier en Angleterre les procédés en usage pour la construction des bâtiments en fer, il rédige, au retour de cette mission, un remarquable mémoire sur l'importante question qu'il a examinée sous toutes ses faces.

Dans ce rapport magistral, il discute les avantages et les inconvénients des constructions métalliques aux points de vues multiples de la sécurité, de la durée, de la capacité des cales, de l'hygiène à bord, de l'effet des projectiles, de l'influence du fer sur les compas, de la salissure des carènes, du prix de revient des navires. Il expose, avec une précision lumineuse, tous les procédés de la pratique anglaise.

Joignant l'exemple au précepte, il met en chantier, sur les cales du Mourillon, deux navires en fer restés célèbres dans la mémoire des marins : le *Caton* et l'*Ariel*.

Le *Caton* commencé en 1844 est lancé en 1847 : il file dix nœuds.

L'*Ariel* commencé en 1847, armé pour la première fois en 1849, file onze nœuds et demi.

Ce dernier navire d'un déplacement de 261 tonneaux seulement, était en 1849, l'aviso de cette dimension, le plus rapide qui eût encore paru sur les mers.

Peu après ces brillants débuts, Dupuy de Lôme conçoit et exécute une œuvre de génie.

Le *Napoléon* fait son apparition dans le monde maritime.

Commencé en 1848, lancé en 1850, armé en 1851, ce navire réalise toutes les prévisions les plus optimistes : ses qualités nautiques sont parfaites, sa vitesse dépasse onze nœuds à l'heure.

L'honneur d'avoir doté notre marine de ce remarquable bâtiment revient en partie au prince de Joinville qui sut apprécier la portée de l'œuvre, et au ministre Guizot qui, profitant d'un court intérim au ministère de la marine, signa l'ordre d'exécution, malgré l'opposition très vive des Conseils.

La France, résignée depuis longtemps à ne plus contester à sa puissante voisine d'outre-Manche, la suprématie sur mer, apprit, au début de la guerre de Crimée, un événement bien fait pour la surprendre.

Un vaisseau français armé de 92 canons, battant pavillon amiral, venait, dans une circonstance mémorable, de remorquer à Constantinople le vaisseau à trois-ponts la *Ville-de-Paris*, monté par l'Amiral en chef et par notre Ambassadeur, au moment même où le représentant de l'Angleterre était retenu à Bésika avec la flotte anglaise réduite à l'immobilité et à l'impuissance par la force du vent et la violence du courant des Dardanelles.

L'impression fut immense, inoubliable. Le nom de Dupuy de Lôme devint célèbre.

Le pays reprit confiance en sa marine.

Les services du *Napoléon* pendant les laborieuses campagnes de 1854 et de 1855 furent si considérables que l'on peut dire, sans exagération, que ce vaisseau a contribué au succès de la guerre.

Embarqué sur le *Napoléon*, en qualité de sous-ingénieur, j'ai conservé le souvenir de la promptitude avec laquelle ce merveilleux navire transporta, régiment par régiment, l'armée d'Afrique sur le théâtre des opérations.

Il recueillait en passant, les transports retenus dans les détroits par les vents contraires : on le vit, un jour, remonter les Dardanelles, traînant à sa remorque quatorze grands navires chargés de troupes et de munitions.

Il fit plus tard son devoir devant les batteries de Sébastopol.

Il résista sans fatigue aux ouragans qui désemparèrent bon nombre de nos meilleurs bâtiments.

Les officiers qui eurent la bonne fortune de faire partie des premiers états-majors du *Napoléon*, sont arrivés, pour la plupart, au sommet de la hiérarchie de leur arme : Charner, Dupouy, Penhoat, du Quilio, Bénic sont morts en possession du grade d'Amiral.

Parmi les survivants de cette brillante phalange, je suis heureux de saluer les Amiraux Jaurès et Galiber.

L'immense succès du *Napoléon*, loin de ralentir l'activité du grand ingénieur, stimule, au contraire, son esprit inventif.

Pendant que l'on construit des *Napoléons* dans tous les ports, il propose de transformer, en bâtiments à vapeur, les vaisseaux à voiles en chantier.

L'*Eylau*, en construction à Toulon, est désigné pour une première expérience.

Dupuy dé Lôme exécute, sur ce vaisseau, une des plus singulières manœuvres que l'on ait accomplies dans les arsenaux. Il coupe le navire en deux par le travers de la maîtresse section ; il fait glisser sur la cale, avec une précision mathématique, la poupe presqu'entièrement achevée. Il relie enfin, par une construction solide, l'arrière et l'avant et reconstitue ainsi un nouveau bâtiment plus long que le premier de la quantité nécessaire pour loger la machine, les chaudières et l'approvisionnement de charbon.

Le résultat fut excellent.

En 1854, Dupuy de Lôme construit le vaisseau l'*Algésiras* : coque et machines. Il réduit, dans une notable proportion, la consommation du combustible, et, par suite, il augmente la vitesse, la puissance militaire et le rayon d'action des navires de guerre.

Il trace, à la même époque, en qualité d'ingénieur

chargé de l'important atelier des machines, les avant-projets des grands établissements de Castigneau.

Les dispositions qu'il adopte sont si parfaitement appropriées aux besoins du service ; elles sont conçues sur des bases si larges que les ateliers, aménagés par lui, ont été suffisants jusqu'au moment de l'apparition des torpilles.

Un ingénieur éminent des Travaux hydrauliques, fut son collaborateur dans cette grande création. Le nom de Noël est resté dans toutes les mémoires. La Marine l'a inscrit sur l'un des établissements les plus importants de l'arsenal.

Le Préfet éclairé à qui appartient l'initiative de cet acte de justice commande encore le port de Toulon.

Qu'il me soit permis de profiter de cette circonstance favorable, pour émettre le vœu qu'une mesure analogue soit prise en faveur de Dupuy de Lôme.

Le nom de Dupuy de Lôme pourrait être donné au quai des ateliers de la Grosse Chaudronnerie, de la Fonderie et des Machines.

La Marine réunirait ainsi, dans un même témoignage de reconnaissance, les noms des deux ingénieurs qui ont le plus contribué, depuis Vauban, au développement de l'arsenal de Toulon.

Appelé, en 1856, à remplir au Ministère de la marine, les éminentes fonctions de Directeur du matériel, Dupuy de Lôme quitte, non sans regrets, la ville de Toulon à laquelle un long séjour l'avait profondément attaché.

A peine installé à l'administration centrale, il reconnaît la nécessité de réglementer les formes et les dimensions des chaudières tubulaires marines.

Les plans qu'il adopte servent, pendant plus de vingt ans, à la construction de toutes les chaudières de la flotte.

L'année 1858 marque une nouvelle étape dans cette éblouissante carrière.

Dupuy de Lôme réduit l'artillerie des vaisseaux du type *Napoléon*. Il applique autour de la flottaison de ces navires une armure métallique d'un poids égal à celui des canons supprimés ; le bâtiment de guerre cuirassé est créé.

La frégate la *Gloire* provoque une révolution dans toutes les marines du monde ; elle inaugure l'ère des armures pesantes, et, comme conséquence, celle des gros canons.

Dans le courant de la même année, Dupuy de Lôme fait lancer à Cherbourg l'élégant navire qui s'appelle aujourd'hui le *Rapide*.

A une époque où la puissance militaire des bâtiments est encore évaluée par le nombre des canons, Dupuy de Lôme songe à augmenter la puissance offensive du type *Gloire*. Il construit, en 1859, les vaisseaux cuirassés à deux batteries, le *Solférino* et le *Magenta*.

Le type *Flandre* paraît en 1860.

Tous ces chefs-d'œuvre d'architecture navale sont en bois. Aux personnes qui s'étonneraient que l'auteur du *Caton* et de l'*Ariel* ait toujours eu pour les constructions en bois une prédilection marquée, nous rappellerons que les carènes métalliques se salissent rapidement, que les bâtiments en fer perdent leur vitesse s'ils ne sont pas nettoyés souvent et que la France ne possédait pas, il y a vingt-cinq ans, les points de relâche qu'elle a su conquérir ou organiser depuis.

L'expédition de Chine et la guerre d'Italie appellent l'attention de Dupuy de Lôme sur les petits bâtiments destinés à opérer dans des eaux peu profondes ; il crée plusieurs types de canonnières, notamment les canonnières démontables qui ont été transportées sur les lacs de la Lombardie et les canonnières cuirassées construites en 1864.

Lorsqu'en 1870, le Gouvernement de la Défense Nationale songe à établir entre la capitale investie et les départements, des communications au moyen de ballons dirigeables, Dupuy de Lôme présente un projet qui est adopté et exécuté.

Il dirige lui-même en 1872, avec le concours de l'ingénieur de la Marine Zédé, les essais de l'aérostat qu'il a construit.

On voit alors, pour la première fois, un ballon, animé d'une vitesse propre, obéir à l'action d'un gouvernail et s'écarter de la direction du vent.

Le problème du ballon dirigeable n'est cependant pas encore complètement résolu, mais un grand résultat est acquis ; la tentative de Dupuy de Lôme a démontré qu'en cherchant à diriger les aérostats, on ne poursuit pas une chimère.

Les officiers distingués qui sont à la veille de doter notre pays de cette belle et utile découverte reconnaissent avoir emprunté à Dupuy de Lôme ses méthodes de calculs et la forme rationnelle et savante de son aéronef.

Je me proposais de rappeler tous les travaux accomplis par Dupuy de Lôme en qualité d'ingénieur de la Marine; je dois reconnaître mon impuissance à remplir complètement cette tâche.

Indépendamment des œuvres officielles exécutées dans les arsenaux ou conçues au Ministère, Dupuy de Lôme a fait, pour la marine marchande et pour la grande industrie, d'importants travaux moins connus.

Je me bornerai à indiquer les grandes affaires sur lesquelles il a exercé publiquement sa haute influence.

Dupuy de Lôme a créé en 1874, pour une Compagnie, un type de bâtiment approprié à la navigation dans les fleuves peu profonds et à courant rapide.

En 1875, il a exposé à ses collègues de l'Institut, les conditions d'un projet de port et de bateaux porte-trains, destinés à rendre plus commodes, plus rapides, plus économiques, les communications entre l'Angleterre et la France en évitant les transbordements à Douvres et à Calais.

Un système analogue fonctionne, ou est sur le point de fonctionner, entre l'île de Wight et la côte anglaise; un autre est établi en Amérique.

La loi de 1882, favorable au relèvement de notre marine commerciale, a été votée par le Parlement, à la suite d'un remarquable discours de Dupuy de Lôme.

Les conseils éclairés de Dupuy de Lôme ont fait arriver au degré de perfection où il est parvenu le splendide matériel naval de la Compagnie des Messageries maritimes.

La Société nouvelle des Forges et Chantiers se plaît à lui attribuer une part considérable dans sa grande prospérité.

Par les armes de guerre qu'il a créées, Dupuy de Lôme a obtenu l'admiration de ses contemporains; par les services rendus au commerce et à l'industrie, il a mérité leur reconnaissance.

Messieurs, j'ai parlé longtemps, trop longtemps peut-être, et cependant j'ai passé sous silence les grades accordés à Dupuy de Lôme, les distinctions honorifiques dont il a été l'objet en France et à l'étranger, les hautes situations qu'il a occupées dans les Conseils de l'Etat, au Parlement, dans les Sociétés savantes.

Je n'ai rien dit de l'homme politique, rien de l'homme de bien, du mari attentif, du père affectueux, de l'aïeul attendri.

En terminant, je résumerai en deux mots l'existence de cet homme extraordinaire :

Dupuy de Lôme fut heureux, constamment heureux, et mérita toujours de l'être.

Et maintenant, cher et illustre camarade, jouis du repos et de la gloire que tu as mérités par tant de travaux et de services rendus au pays.

Au nom des officiers du Corps du Génie maritime, au nom de la maistrance des Constructions navales, au nom des ouvriers qui ont travaillé sous tes ordres et qui se pressent ici pour saluer ta grande mémoire, je t'adresse le suprême adieu.

15382 Toulon. — Typ. A. ISNARD et Cie.

www.ingramcontent.com/pod-product-compliance
Ingram Content Group UK Ltd.
Pitfield, Milton Keynes, MK11 3LW, UK
UKHW020543180726
13839UKWH00006B/2684

9 782329 611013